A. U. Khaleem · Islam und Christentum

# ISLAM

# UND

# CHRISTENTUM

von
Alhaj Ataullah Khaleem

VERLAG DER ISLAM

VERLAG DER ISLAM
Frankfurt/Main
Babenhäuser Landstraße 25

Aus dem Englischen übersetzt
von Mohammed Ishaq Khalil
Gesamtherstellung: Stowasser, Werdorf

**ISBN 3-921458-68-4**

Printed in Germany

# Inhalt

# I

# Einheit Gottes

## Jesus bestätigt die Einheit Gottes

1. *»Jesus antwortet ihm: ›Das erste Gebot ist: Höre Israel, Der Herr, unser Gott, ist allein Herr.‹«* (Markus 12:29)
2. *»Und siehe, einer trat herbei und sprach zu ihm: ›Lehrer, was soll ich Gutes tun, damit ich ewiges Leben habe?‹ Er aber sprach zu ihm: ›Was fragst du mich über das Gute? Einer nur ist der Gute. Wenn du aber ins Leben eingehen willst, so halte die Gebote.‹«* (Matthäus 19:16–17)
3. *»Dies aber ist das ewige Leben, daß sie Dich, den alleinigen wahren Gott, und den, den Du gesandt hast, Jesus Christus, erkennen.«* (Johannes 17:3)

An diesen Zitaten wird deutlich, daß Jesus selber das Problem gelöst hat und lehrt, daß es einen einzigen Gott gibt, daß er selbst nur ein Gesandter Gottes war, ebenso wie die anderen Propheten. Nach den Lehren des Heiligen Qur-âns muß ein Muslim an Jesus als Propheten glauben, so wie er an alle anderen Propheten glaubt. (Vgl. Der Heilige Qur-ân 2:137)

4. *»Ein Gott und Vater aller, der über allen und durch alle und in allen ist.«* (Epheser 4:6)
5. *»Ihr seid meine Zeugen, spricht der Herr, und meine Knechte, die ich erwählt habe, damit ihr erkennt und meinen Glauben einseht, daß ich derselbe bin. Vor mir wurde kein solcher Gott gebildet, und nach mir wird keiner sein. Ich, ich bin der Herr und außer mir gibt es keinen Retter.«* (Jesaja 43, 10–11)
6. *»Ehe die Berge geboren waren, und Du die Erde und die Welt*

*erschaffen hattest, von Ewigkeit zu Ewigkeit, bist Du, Gott.«* (Psalm 90:2)

7. *»... Ich fahre auf zu meinem Vater und zu eurem Vater, zu meinem Gott und zu eurem Gott.«* (Johannes 20:17)
8. *»... Denn Einer ist Gott, und Einer ist Mittler zwischen Gott und den Menschen, der Mensch Christus Jesus.* (1 Timotheus 2.5)

# II
# Dreieinigkeit

## Die mythischen Behauptungen:

Folgende Zitate werden für die Unterstützung der These der Dreieinigkeit vorgebracht:

1. *»Denn drei sind, die da zeugen im Himmel, der Vater, das Wort und der Heilige Geist; und diese drei sind eins.«* (der erste Brief des Johannes 5:7–8)
2. *»Gehet nun hin und machet Nationen zu Jüngern, indem ihr diese tauft auf den Namen des Vaters und des Sohnes und des Heiligen Geistes.«* (Matthäus 28:19)
3. *»Ich und der Vater sind eins.«* (Johannes 10:30)
4. *»Im Anfang war das Wort, und das Wort war bei Gott.«* (Johannes 1:1)
5. *»... Das Geheimnis der Religion ist groß: Er wurde offenbart im Fleisch, gerechtfertigt durch den Geist, geschaut von den Engeln, verkündet unter den Heiden, geglaubt in der Welt, aufgenommen in die Herrlichkeit.«* (1. Timotheus 3:16)

Nach der Glaubenslehre der Athanasianer-Christen sind alle drei Personen der Dreieinigkeit voneinander verschieden. Dennoch sind sie einander gleichgestellt. »Sie sind weder vor der andern, noch nach ihr, weder größer noch kleiner als die andere Person.« Ferner glauben die Athanasianer: »der Heilige Geist des Vaters und des Sohnes ist weder geschaffen noch gezeugt.« Die Wahrheit: Das Dogma der Dreieinigkeit bedingt, daß alle drei Personen in jeder Hinsicht vollständig gleich sind, d.h. der Vater, der Sohn und der Heilige Geist.

Hingegen, wenn man die Bibel genau ließt, wird festzustellen sein, daß hinsichtlich der Eigenschaften der Vater der Höchste und Größte ist. Zugleich muß betrachtet werden, daß Jesus verneint hat, daß er die gleichen Eigenschaften wie der Vater besitzt. Dazu die folgenden Zitate aus der Bibel:

1. *»... Doch zu bestimmen wer sich zu meiner Rechten und Linken setzen darf, steht mir nicht zu; es wird denen gewährt, für die es mein Vater bestimmt hat.«* (Matthäus 20:23)
2. *»Doch jenen Tag und jene Stunde kennt niemand, auch nicht die Engel im Himmel, nicht einmal der Sohn, sondern nur der Vater.«* (Markus 13:32)
3. *»... Als Jesus fühlte, wie eine Kraft von ihm ausströmte, wandte er sich in dem Gedränge um und fragte: ›Wer hat mein Gewand berührt.‹«* (Markus 5:30)
4. *»Als er am Morgen in die Stadt zurückkehrte, hatte er Hunger. Da sah er einen einzelnen Feigenbaum am Weg stehen und ging auf ihn zu, fand aber nur Blätter daran. Da sagte er zu ihm: ›In Ewigkeit soll keine Frucht mehr an dir wachsen.‹ Und der Feigenbaum verdorrte auf der Stelle.«* (Matthäus 21:18–19)

## Jesus, der von Gott Gesandte

5. *»Aus eigenem Willen kann ich nichts tun.«* (Johannes 5:30)
6. *»Ich tue nichts aus eigenem Willen.«* (Johannes 8:28)
7. *»... ich sage euch, der Knecht ist nicht größer als sein Herr und ist nicht größer als der, welcher ihn gesandt hat.«* (Johannes 13:16)
8. *»Jesus sagte zu ihnen: ›Wenn Gott euer Vater wäre, dann würdet ihr mich lieben; denn von Gott bin ich ausgegangen und gekommen. Ich bin nicht von mir gekommen, sondern Er hat mich gesandt.‹«* (Johannes 8:42)
9. *»... denn der Vater ist größer als ich.«* (Johannes 14:28)

## Gott hat das Gebet nicht nötig

10. In folgenden Stellen im Neuen Testament lesen wir, daß Jesus gebetet hat: Lukas, 5:16, 9:28, 11:1–2 und Matthäus, 21:22.

Dabei ist zu beachten, daß alle seine Gebete und die seiner Jünger an Gott gerichtet wurden. Es ist deshalb offensichtlich, daß der Betende und derjenige, an den das Gebet gerichtet wird, nicht gleich groß sein können. Gott hatte (und hat) die Macht, die Gebete zu hören und zu akzeptieren. Es ist ebenfalls offensichtlich, daß Jesus diese Macht nicht besaß. Falls er eine solche Macht besessen hätte, wären seine Gebete an Gott ohne Bedeutung. Wenn er bei der Dreieinigkeit die zweite Person gewesen wäre, und somit auch Gott gewesen wäre, hätte er es nicht nötig gehabt, das Gebet zu äußern. Er hätte die Macht gehabt, all das zu tun, was er wollte. Das Beispiel des Gebets im Garten von Gethsemane zeigt deutlich, daß Jesus sich zu Boden warf und betete. (Matthäus 26:39).

11. *»Auch dem, der etwas gegen den Menschensohn sagt, wird vergeben werden; wer aber etwas gegen den Heiligen Geist sagt, dem wird nicht vergeben werden, weder in dieser noch in der zukünftigen Welt.«* (Matthäus 12:32)

# III
# Die Vergöttlichung Jesu Christi

Behauptung:
Jesus wurde »der Sohn des Höchsten« (Lukas 1:32) und »Sohn Gottes« genannt. (Lukas 1:35)

Widerlegung:
Der Ausdruck »Gottes Sohn«, ja sogar »Gott« sind biblische Idiome und wurden metaphorisch verwendet. Diese Ausdrücke bedeuten keineswegs Gottheit oder Teilhaftigkeit an Eigenschaften Gottes.

Hierzu folgende Zitate aus dem Alten und dem Neuen Testament:

1. *»Der Herr sprach zu Mose: ›Hiermit mache ich Dich für den Pharao zum Gott; dein Bruder Aaron soll dein Prophet sein.‹«* (Exodus 7:1)
2. *»Wohl habe ich gesagt: ›Ihr seid Götter, Ihr alle seid Söhne des Höchsten.‹«* (Psalm, 82:6)
3. *»Denn alle, die sich vom Geist Gottes führen lassen, sind Söhne Gottes.«* (Römer 8:14)
4. *»Jeder, der glaubt, daß Jesus der Christus sei, stammt von Gott.«* (1 Johannesbrief 5:1)
5. *»Jeder, der von Gott stammt, tut keine Sünde, weil der Same seines Vaters in ihm bleibt. Und er kann nicht sündigen, weil er von Gott stammt.«* (1. Brief Johannes 3:9)

Aus den hier zitierten Versen wird klar, daß der Ausdruck »Sohn Gottes« solche Personen meint, die Gott folgen. Gerade deswegen hat Jesus seinen Gegnern gesagt:

*»Ihr stammt von eurem Vater, dem Teufel, und ihr wollt das tun, was euer Vater will.«* (Johannes 8:44)

Der Ausdruck »Sohn Gottes« wird an mehreren Stellen für die Propheten verwendet, oder gar für die Frommen und die Gläubigen. Hier folgen einige der zahlreichen Beispiele:

1. *»Israel ist mein erstgeborener Sohn.«* (Exodus 4:22)
2. *»David sagte: ›Mein Sohn bist Du. Heute habe ich Dich gezeugt.‹«* (Psalm 2:7)
3. *»Er* [Salomon] *wird für mich mein Sohn sein, und ich werde für ihn Vater sein.«* (Psalm 2:7)
4. *»Selig sind die Friedensstifter, denn sie werden Söhne Gottes genannt werden.«* (Matthäus 5:9)
5. *»Allen aber, die ihn aufnahmen, gab er Macht, Kinder Gottes zu werden. Allen, die an seinen Namen glauben, die nicht aus dem Blut, nicht aus dem Willen des Fleisches, nicht aus dem Willen des Mannes, sondern aus Gott geboren sind, sind Kinder Gottes.«* (Johannes 1:12–13)

Noch bedeutsamer ist die Aufklärung von Jesus selbst, die wie folgt lautet:

6. *»Da hoben die Juden wieder Steine auf, um ihn zu steinigen. Jesus entgegnete ihnen: ›Viele gute Werke, die vom Vater herkommen, habe ich euch gezeigt; für welches dieser Werke steinigt ihr mich?‹ Die Juden antworteten ihm: ›Wir steinigen dich nicht, weil du ein gutes Werk getan hast, sondern weil du Gott lästerst, denn du bist doch nur ein Mensch und machst dich zu Gott‹.«* (Johannes 10:31–33)

In diesem Zitat ist die entscheidende Frage an Jesus selbst gestellt worden. Hat er dabei etwa behauptet, er sei Gott oder die zweite Person der Dreieinigkeit, wie ihm später unterstellt wurde? Alle jene, die an ihn glauben, müssen nun seine eigene Antwort akzeptieren und ihm folgen: Jesus erwiderte ihnen:

*»Ist nicht in eurem Gesetz geschrieben: Ich habe gesagt: ›Götter seid ihr?‹ Wenn er jene Menschen Götter genannt hat, an die das Wort Gottes ergangen ist, und wenn die Schrift in Geltung bleiben muß, dürft ihr dann von dem, der vom Vater geheiligt und in die Welt gesandt wurde, sagen: ›Du lästerst Gott‹, weil ich gesagt habe: ›Ich bin Gottes Sohn.‹ «*
(Johannes 10:34–37)

*Jesus erklärt den Ausdruck ›Sohn Gottes‹*

7. Aus dem folgenden Vers geht hervor, daß Jesus bei einer anderen Gelegenheit nicht kategorisch bejahen konnte, Gottes Sohn zu sein:

*»Darauf sprach der Hohepriester zu ihm: ›Ich beschwöre Dich beim lebendigen Gott, sage uns: bist du der Messias, der Sohn Gottes?‹ Jesus antwortete ihm: ›Du sagst es!‹«*
(Matthäus 26:63–64)

Dazu schreibt ein Kommentator: »Vielleicht müssen wir die Zweideutigkeit dieser Antwort ›Du sagst es.‹ als Ablehnung auffassen.« (Kommentar zur Heiligen Bibel von Peak, S.722)

Behauptung:

Jesus wurde ohne die Mitwirkung eines Mannes gezeugt. Die vaterlose Geburt ist ein Beweis dafür, daß er Sohn Gottes sei.

Widerlegung:

Diese ist nicht eine außerordentliche Eigentümlichkeit für Jesus. Wir lesen in der Bibel:

*»Dieser Melchisedek aber war ein König von Salem… ohne Vater, ohne Mutter, ohne Geschlecht und hat weder Anfang der Tage noch das Ende des Lebens.«* (Hebräer 7:1–4)

Behauptung:

*»Ich und der Vater sind eins«.* (Johannes 10:30)
*»der Vater ist in mir und ich bin in ihm«* (Johannes 10:38–39)

Widerlegung:

*»An dem Tag werdet ihr erkennen, daß ich in meinem Vater bin und ihr in mir und ich in euch.«* (Johannes 14:20)
*»Auf daß sie alle eins seien, gleich wie du, Vater, in mir und ich in dir, daß auch sie in uns eins seien.«* (Johannes 17:21–23)

Behauptung:
Die Wunder Jesu zeigen, daß er göttlich oder Gott war.

Widerlegung:
Die Zeichen und Wunder anderer Propheten waren größer, als die des Jesu. Hierzu sind folgende Stellen in der Bibel beachtenswert: 1. Könige 17:22, 2. Könige, 13:21, Ezechiel 37:10, 2. Könige 5:1–14, 6:17, Daniel 3:21–25, Josua 3:17, Apostelgeschichte 2:2, 1. Könige 17:13–16, Exodus 8:17, Lukas 1:63, Johannes 5:1 und 5:9–17.

# IV
# Die universelle Religion

Allah sagt im Heiligen Qur-ân zum Heiligen Propheten Muhammad (Friede und Segnungen Allahs seien auf ihm):

*Sprich: »O Menschheit, fürwahr, ich bin euch ein Gesandter Allahs, Des das Königreich der Himmel und der Erde ist.«* (7.159)

Ferner sagt Allah im Heiligen Qur-ân:

*»Hochgerühmt ist Er,*
*Der das entscheidende Buch herabgesandt hat*
*zu seinem Diener, daß er ein Warner sei*
*für die Welten«* (25:2)

Der Heilige Prophet Muhammad sagt:

*»Es wurden mir fünf Auszeichnungen zugeteilt, die kein einziger Prophet vor mir* [von Gott] *bekommen hat... und fünftens: während die Propheten vor mir für ihr bestimmtes Volk beauftragt worden waren, bin ich für die gesamte Menschheit gesandt.«* (Bukhari)

Infolgedessen verkündete er seine Botschaft an alle Völker. Gott sagt im Heiligen Qur-ân hinsichtlich Jesu:

1. *»Und* [Gott] *wird ihn* [entsenden] *als einen Gesandten zu den Kindern Israels.«* (3:50)
2. *»Und* [gedenke der Zeit,] *da Jesus, Sohn der Maria, sprach: ›O ihr Kinder Israels, ich bin Allahs Gesandter an euch, Erfüller dessen, was von der Thora vor mir ist.‹«* (Der Heilige Qur-ân 6:7)

Diese hier zitierten Lehren des Heiligen Qur-âns über Jesus werden durch folgende Bibelzitate bestätigt:

## Jesus kam um das Gesetz zu erfüllen.

1. *»Denkt nicht, ich sei gekommen, um das Gesetz und die Propheten aufzuheben. Ich bin nicht gekommen aufzuheben, sondern um zu erfüllen. Ich sage euch: Bis der Himmel und die Erde vergehen, wird auch nicht der kleinste Buchstabe des Gesetzes vergehen, bevor nicht alles geschehen ist.«* (Matthäus 5:17–19)

Der geistliche Auftrag Jesu als ein Prophet und Gesandter Gottes ist auf die Israeliten beschränkt. Diese Tatsache wird auch durch seine Antwort an eine Frau von Kanaan deutlich, die Segnung für ihre Tochter wünscht; er antwortete:

2. *»Ich bin nur zu den verlorenen Schafen des Hauses Israels gesandt.«* (Matthäus 15:24)

Als die Frau ihn um Hilfe bat und anflehte, wurde ihr gesagt:

3. *»Es ist nicht recht, das Brot den Kindern wegzunehmen und den Hunden vorzuwerfen.«* (Matthäus 15:26)

Als Jesus seine Jünger für die Verkündigung aussandte, hatte er sie klar angewiesen, daß er für die Israeliten gesandt wurde:

## Jesus wurde nur für die Israeliten gesandt

4. *»Diese zwölf sandte Jesus aus und trug ihnen auf: ›Geht nicht zu den Heiden und betretet keine Stadt der Samariter, sondern geht zu den verlorenen Schafen des Hauses Israel‹.«* (Matthäus 10:5–6)
5. *»Gebet das Heilige nicht den Hunden und werft eure Perlen nicht den Schweinen vor, denn sie könnten sie mit den Füßen zertreten und sich umwenden und euch zerreißen.«* (Matthäus 7:6)

Dies ist auch der Grund, warum die früheren Christen lediglich unter den Juden verkündeten:

6. *»Bei der Verfolgung, die wegen Stefanus entstanden war, sind*

*die Gesandten bis nach Phönizien, Zypern und Antiochien geflüchtet, doch verkündeten sie das Wort nur den Juden.«* (Apostelgesch. 11:19)

Nach Maßgabe der Prophezeiung müßte Jesus den Thron Davids erben und über das Haus Jakob in Ewigkeit herrschen. (Lukas 1:32–33)

7. *»Du Betlehem im Gebiet von Juda bist keineswegs die unbedeutendste unter den führenden Städten von Juda; denn aus Dir wird ein Fürst kommen, der Hirte meines Volkes Israel.* (Matthäus 2:6)

8. *»Denn ich sage, daß Christus um der Wahrhaftigkeit Gottes willen, Diener der Beschnittenen geworden ist, damit die Zusagen an die Väter bestätigt werden.«* (Römer 15:8)

Im Einklang mit diesen Lehren und Verkündigungen Jesu lesen wir im Neuen Testament:

9. *»Pilatus ließ auch eine Aufschrift anfertigen und am Kreuz befestigen. Es war darauf geschrieben: ›Jesus von Nazareth, der König der Juden‹.«* (Johannes 19:19)

Er wurde als der Erlöser Israels (also nur für die Israeliten) betrachtet;

*»Wir aber hofften, daß er es sei, der Israel retten werde.«* (Lukas 24:21)

10. Petrus glaubte ebenfalls: *»Der Gott unserer Väter hat Jesus auferweckt... Ihn hat Gott als Fürsten und Heiland an seine rechte Seite erhoben, um Israel die Umkehr und Vergebung der Sünde zu schenken.«* (Apostelgeschichte 5:30–31)

Die Christen hingegen zitieren manchmal die folgenden Verse, um die Behauptung des von Paulus herstammenden Christentums zu beweisen:

*»Geht in die ganze Welt.«* (Matthäus 16:15) und *»Geht zu allen Völkern... und lehrt sie.«* (Matthäus 28:19)

Diese Zitate sind aber angesichts der folgenden Verse nicht erheblich und können die gegnerische Behauptung keineswegs rechtfertigen:

a. *»In jenen Tagen erließ Kaiser Augustus den Befehl, alle Bewohner der Welt in Steuerlisten eintragen zu lassen.«* (Lukas 2:1)

Der Ausdruck »alle Bewohner der Welt« bedeutet in diesem Zusammenhang nur das Reich des Kaisers.

b. *»Für die Völker habe ich dich bestimmt.«* (Jeremia 1:5)

Aber Jeremia war ein Prophet nur für Israel. Alle Völker bedeutet alle israelitischen Stämme.

c. *»Mein Haus soll ein Haus des Gebets für alle Völker genannt werden.«* (Markus 11:17)

d. *»In Jerusalem aber wohnten Juden, fromme Männer aus jedem Volk unter dem Himmel.«* (Apostelgeschichte 2:5)

e. *»... beim ganzen Volk der Juden.«* (Apostelgeschichte 10:22)

Falls Jesus nun wirklich gemeint hätte: »geht zu allen Völkern«, hätte er das folgende nicht gesagt:

f. *»Jesus erwiderte ihnen: ›Ich sage euch, wenn die Welt neu geschaffen wird, und der Menschensohn auf den Thron der Herrlichkeit gesetzt wird, werdet ihr, die ihr mir nachgefolgt seid, auf zwölf Thronen sitzen und die zwölf Stämme Israels richten‹.«* (Matthäus 19:28)

Tatsache ist, daß Saulus, der später unter den Christen als Paulus bekannt wurde, von den Juden enttäuscht und verfolgt worden war . Er hat sich erst dann an die Heiden gewandt (Apostelgeschichte 18:9). Auch weil er »listig war« (2 Korinther 12:16) und den »Gesetzlosen ein Gesetzloser... um sie zu gewinnen.« (1 Korinther 9:20–22)

Er hat also das Christentum unter den Heiden eingeführt, obschon Jesus davor gewarnt hatte. (Matthäus 7:6)

Auf diese Weise wurden die einfachen Lehren Jesu Christi denen der Heiden angeglichen. Die Behauptung über die Gottheit Christi, die Dreieinigkeit, die Sakramente, die Sühne und die Lehre, daß »Die Jungfrauenschwangerschaft für die Erlösung der nicht sterblichen Seelen beträchtlich sei«, alle diese Lehren sind die Religion von St. Paulus und nicht gleich der Religion Jesu Christi (vgl. Bibelkommentar von Peak, S. 632).

# V
# Behauptungen über die Erbsünde und deren Sühne

Behauptung:

Das Dogma der Sühne durch Jesus wird daraus abgeleitet, daß Adam eine Sünde begangen hat. So wurde angeblich seine ganze Nachkommenschaft durch die Erbsünde sündig (oder sie neigt zur Begehung der Sünden). Ferner wurde behauptet, daß Gott gerecht sei. Seine Gerechtigkeit bedingt, daß die Sündigen bestraft werden. Gott ist aber auch Liebe. Seine Liebe verlangt die Erlösung. Angeblich aus diesem Grund ist die zweite Person der Dreieinigkeit, (d.h. der Sohn) zu Fleisch in menschlicher Form durch die Geburt von der Jungfrau Maria geworden.

Dieser von Gott zum Menschen gewordene Sohn soll sich selbst zur Sühne geopfert haben für die Sünden der Menschheit. Dies durch seinen angeblichen Tod am Kreuz. Also ist für einen Christen die Erlösung die einzig notwendige Folge seines Glaubens, daß Jesus (Sohn Marias) Gottes Sohn sei und somit frei von Sünden. Er sei angeblich für die Sünden der Menschheit am Kreuz gestorben. Im allgemeinen werden folgende Verse aus der Bibel zur Unterstützung dieses Dogmas über die behauptete Sühne zitiert:

Galater 2:16, 3:13, 4:4, 4:5 und Römer 3:23–25 und 1 Johannes 4:.

## Widerlegung der Erbsünde und der Sünde:

Das Dogma der Erbsünde und Sühne ist von falschen Annahmen hergeleitet worden.

Die folgenden Tatsachen sind unsere Beweise:

1 Adam wurde nicht wegen der Begehung irgendeiner Sünde aus dem Paradies des Garten Eden vertrieben. Dazu sagt selbst die Bibel:

*»Dann sprach Gott der Herr: ›Seht, der Mensch ist geworden wie wir; er erkennt Gut und Böse. Daß er jetzt nicht die Hand ausstreckt, auch vom Baum des Lebens nimmt, davon ißt und ewig lebt!‹ Gott der Herr schickte ihn aus dem Garten von Eden weg, damit er den Ackerboden bestellte, von dem er genommen war.«* (Genesis 3:22–23)

2. *»Da sah die Frau, daß es köstlich wäre, von dem Baum zu essen, daß der Baum eine Augenweide war und dazu verlockte, klug zu werden. Sie nahm von seinen Früchten und aß; sie gab auch ihrem Mann, der bei ihr war, und auch er aß.«* (Genesis 3:6)

Ferner: *»Der Mensch antwortete: ›Die Frau, die du mir beigesellt hast, sie hat mir von dem Baum gegeben, und so habe ich gegessen.‹«* (Genesis 3:12)

Aus diesen Versen geht hervor, daß die Sünde der Eva offensichtlich größer war als die des Adam. Sie war diejenige, die ihn zum Essen der verbotenen Frucht veranlaßt hatte. Demzufolge sollte jemand, der nur von einer Frau geboren worden ist, noch sündiger sein als jemand, der von Mann und Weib gezeugt ist. Jesus wurde von einer Frau geboren. Er kann deshalb nicht die Sünden der anderen übernommen haben und kann auch keine Sühne darbieten. Folgende Aussage von Paulus ist bemerkenswert:

*»Und nicht Adam wurde verführt, sondern die Frau ließ sich verführen, und hat die Übertretung eingeführt.«* (1 Timotheus 2:14)

Die Bibel sagt: *»Was ist der Mensch, daß er rein wäre, der Weibgeborene.«* (Hiob 15:14, 25:4)

Dadurch wird die Behauptung widerlegt, daß Jesus sündenfrei gewesen sei, und somit die Sühne übernommen haben könnte.

3. Die Bibel sagt, daß es fromme Menschen gegeben habe. Die Annahme, alle Menschen seien sündig, ist deshalb falsch: Jesus ist nicht der Einzige, der ohne Sünde war.

a. *»Noah war ein gerechter untadeliger Mann unter seinen Zeitgenossen. Er ging seinen Weg mit Gott.«* (Genesis 6:9, 7:1)
b. *»Gottes Geist hat mich erschaffen, der Atem des Allmächtigen hat mir das Leben gegeben. ... Rein bin ich und ohne Sünde, makellos und ohne Schuld«* (Hiob 33:4–33:9)
c. *»... und sie* [Zacharias und Elisabet] *beide waren rechtschaffen und fromm und lebten in allem streng nach den Geboten und Vorschriften des Herrn.«* (Lukas 1:6)
d. *»Unter allen Menschen hat es keinen größeren gegeben als Johannes den Täufer.«* (Matthäus 11:11)

Dadurch wird bewiesen, daß ein Mensch rechtschaffen und fromm sein kann, ohne an die Sühne der Erbsünde zu glauben.

4. Nach eigener Darstellung der Bibel kann niemand die Sünden eines Andern tragen:

a. *»Am folgenden Morgen sprach Mose zum Volk: ›Ihr habt eine große Sünde begangen. Jetzt will ich zum Herrn hinaufsteigen: vielleicht kann ich für eure Sünde Sühne erwirken.‹ Mose kehrte zum Herrn zurück und sagte: ›Ach, dieses Volk hat eine große Sünde begangen. Götter aus Gold haben sie sich gemacht. Doch jetzt nimm ihre Sünde von ihnen. Wenn nicht, dann streich mich aus dem Buch, das du angelegt hast.‹ Der Herr antwortete Mose: ›Nur den, der gegen mich gesündigt hat, streiche ich aus meinem Buche‹.«* (Exodus 32:30–33)
b. *»Väter sollen nicht für Söhne mit dem Tod bestraft werden. Jeder soll nur für sein eigenes Verbrechen mit dem Tod bestraft werden.«* (5. Buch Mose 24:16)
c. *»In jenen Tagen sagt man nicht mehr: ›Die Väter haben saure Trauben gegessen, und den Söhnen werden die Zähne stumpf.‹ Nein, jeder stirbt nur für seine eigene Schuld: nur*

dem, der die sauren Trauben ißt, werden die Zähne stumpf.« (Jeremia 31:29–30 und Ezechiel 18:20)

5. Es ist keine Voraussetzung für die Vergebung der Sünden, daß jemand als ein Stellvertreter die Sühne übernimmt. Die Vergebung kann vielmehr durch Reue, Gebet und fromme Taten erlangt werden. Gerade dazu sagt die Bibel:

a. *»Der Übeltäter soll seinen Weg verlassen, der Böse gebe seine Pläne auf. Er kehre zum Herrn zurück, um bei ihm Erbarmen zu finden, er wende sich unserem Gott wieder zu, denn Gott ist groß im Verzeihen.«* (Jesaja 55:7)

## Reue ist der Weg für die Sündenvergebung

b. *»Und mein Volk, über das mein Name ausgerufen ist, sich demütigt und betet, mich sucht und von seinen schlechten Wegen sich bekehrt, dann höre ich es im Himmel. Ich verzeihe seine Sünde und bringe seinem Land Heilung.«* (2 Chronik 7:14)

c. *»Denn wenn ihr den Menschen ihre Verfehlungen vergebt, dann wird euer himmlischer Vater euch auch vergeben. Wenn ihr aber den Menschen nicht vergebt, dann wird euer Vater eure Verfehlungen auch nicht vergeben.«* (Matthäus 6:14–15)

6. Falls angenommen wird, daß Jesus durch seinen Tod am Kreuz die Sünden oder die Sühne übernommen hat, müßte Judas von Ischariot für seinen Verrat gegen Jesus belohnt werden. Hingegen Jesus hat dazu folgendes gesagt:

*»Jesus antwortete: ›Du hättest keine Macht über mich, wenn sie dir nicht von oben gegeben wäre; darum hat der größere Schuld, der mich dir ausgeliefert hat‹.«* (Johannes 19:11)

7. Falls Jesus für die Sühne durch seinen Kreuzestod gekommen ist, warum hatte er Angst vor den Menschen?

a. *»Dann befahl er den Jüngern, niemandem zu sagen, daß er der Messias sei.« »Aber er verbat ihnen, in der Öffentlichkeit von ihm zu reden.«* (Matthäus 16:20, 12:16)

Dazu noch der folgende Vers:

*»Danach wanderte Jesus durch Galiläa; denn er wollte sich nicht in Judäa aufhalten, weil die Juden ihn töten wollten.«* (Johannes 7:1)

b. *Warum hat er gebetet?: »Und er ging ein Stück weiter, warf sich zu Boden und betete: ›Mein Vater, wenn es möglich ist, gehe dieser Kelch an mir vorüber! Aber nicht wie ich will, sondern wie Du willst.«* (Matthäus 26:39)

c. *Warum hat er folgendes gesagt: »Mein Gott, mein Gott, warum hast Du mich verlassen?«* (Matthäus 27:46)

d. *Warum sagte er wie folgt: »Und wer nicht sein Kreuz auf sich nimmt und mir nachfolgt, ist meiner nicht würdig.«* (Matthäus 10:38)

Daraus geht nämlich hervor, daß das Leiden am Kreuz mit der Erlösung nichts gemeinsam hat. Jeder Mensch hat seine Erlösung selbst anzustreben.

# VI
# Der Tod am Kreuz

## Die Grundlage des Christentums

Die grundlegende Idee in der Lehre der Sühne für die Erbsünde und die gesamte Struktur des heutigen Christentums werden daraus abgeleitet, daß Jesus nach seinem (nur so aufgefaßten) Tode am Kreuz wieder lebendig wurde. Paulus selbst hat dazu folgendes ausgesagt:

> *»Ist aber Christus nicht auferweckt worden, dann ist unsere Verkündigung nichts und nichts ist euer Glaube.«*
> (1 Korinther 15 : 14)

Falls aber wir gerade durch die Bibel beweisen können, daß Jesus Christus nicht am Kreuz gestorben sei und in der Folge auch keine übernatürliche Wiederauferstehung des Toten stattgefunden habe, fällt das ganze Gefüge des Christentums in sich zusammen.

### Warum planten die Juden die Kreuzigung Jesu Christi?

Die Juden glaubten, daß Jesus (Gott verzeihe) ein Schwindler oder falscher Prophet war. Sie versuchten deshalb ihre Beschuldigung durch die Kreuzigung zu rechtfertigen. Damit wollten sie nach Maßgabe des Verses im 5. Buch Mose 21 : 23 beweisen, daß er *»... ein von Gott Verfluchter sei«*. Wenn nun Jesus am Kreuz gestorben ist, waren die Juden in ihren Machenschaften erfolgreich. Das Alte Testament würde in einem solchen Fall ihre Behauptung unterstützen, daß er »ein von Gott Verfluchter« sei. Eine solche Annahme ist aber offensichtlich falsch. Wie konnte Jesus ein Geliebter und Auserwählter Gottes sein und zugleich als Verfluchter sterben müssen?

Wir müssen uns dabei vergegenwärtigen, daß Fluch oder *La'ant*, wie es im Arabischen heißt, sich auf den Zustand des Herzens eines Menschen bezieht. Ein Mensch wird nur dann als Verfluchter bezeichnet, wenn sein Herz, nach einer Entfernung von Gott, wirklich sehr dunkel wird, und wenn in ihm kein einziger Lichtstrahl von göttlicher Liebe und himmlischem Wissen übrig geblieben ist. Das Bündnis der Loyalität und Treue ist damit zerrüttet. Der Fluch kann auch bedeuten, daß zwischen ihm und Gott eine Gehässigkeit, Geringschätzung, Groll oder gar Animosität entstanden ist, so daß er als Feind Gottes dasteht. Kurz, wenn er alle Eigenschaften des Teufels übernommen hat. (Dies ist auch der Grund, warum der Teufel als Satan und als Verfluchter bezeichnet wird.)

Wenn wir diese Bedeutung von Fluch oder La'ant, die im Lexikon so präzisiert worden sind, ins Auge fassen, müssen wir die falsche Annahme bestätigen, daß das Herz Jesu Christi tatsächlich von Gott entfernt war. Es ist aber offensichtlich nicht der Fall, daß Jesus Gott leugnete, daß er Ihm gegenüber gehässig wurde und Sein Feind geworden war. Falls aber Jesus nie solche Gesinnung gehabt hat, wie können wir uns nur vorstellen, daß er (Gott verhüte) ein Verfluchter war. Gerade deshalb hat sogar Paulus die Wahrheit ergreifen müssen, als er sagte: *»Keiner, der aus dem Geist Gottes redet, sagt: Jesus sei verflucht!«* (1. Korinther 12:3)

Die folgende Aussage von Paulus ist demzufolge nicht vom Geist Gottes begleitet, sondern unter dem Einfluß des Beelzebuben entstanden.

> *»Christus hat uns vom Fluch des Gesetzes freigekauft, indem er für uns den Fluch auf sich nahm. Denn es steht in der Schrift: ›Verflucht ist jeder, der an den Pfahl gehängt wird‹.«*
> (Galater 3:13)

## Die Prophezeiung der Psalmen

Manche Kommentatoren der Bibel haben den Psalm 22 auf Jesus angewendet. Sie behaupten, die Psalmen hätten die Verfolgungen Jesu vorausgesagt. Jedoch geht aus dem nachfolgenden Psalm 22:24–25 klar hervor, daß Jesus nicht am Kreuz gestorben ist:

> *»Denn er hat nicht verachtet, nicht verabscheut das Elend des Armen. Er verbirgt sein Gesicht nicht vor ihm; er hat auf sein Schreien gehört.«* (Psalm 22:25)

## Widerstand von Jesus selbst und seine Vorsichtsmaßnahmen für Sicherheit

Jesus, wie andere Propheten Gottes, wurde von seinem Volk an seiner Verkündigung von Anfang an gehindert. Infolgedessen hatte er alle Vorsichtsmaßnahmen ergriffen, damit er seine heilige Aufgabe der Bekehrung zu Gott ungehindert fortsetzen konnte. Einmal beauftragte er seine Jünger, sie sollten niemandem verraten, daß er Jesus Christus sei. (Matthäus 16:20) Als aber seine Gegner versuchten, ihn zu töten, hörte er auf, unter den Juden öffentlich aufzutreten. Dafür ging er in die Gegend nahe der Wüste (Johannes 11:54–57).

Er hat sich sogar vor seinen Gegnern versteckt (vgl. Johannes 12:36–37). Die Tatsache ist, daß, als er wahrgenommen hatte, daß die irdischen Maßnahmen für seine Sicherheit wenig nützten, er sich an Gott wandte und sogar die Jünger mit derselben Aufgabe des Gebets beauftragt hatte.

## Das bewegte Gebet Jesu

> *»Mein Vater, alle Dinge sind Dir möglich, so nimm diesen Kelch von mir.«* (Markus 14:36 und Matthäus 26:39)

Dieses Gebet wurde im Todeskampf und mit solchem

Eifer und Ernsthaftigkeit geäußert, daß »... *in seiner Angst betete er noch inständiger und sein Schweiß tropfte wie Blut zur Erde.«* (Lukas 22:44)

Jesus hat für seine Rettung vor dem Kreuztesod ernstlich gebetet. Die Schriften bestätigen in diesem Zusammenhang, daß Gott die Gebete der Gottesfürchtigen erhörte (Jakobus 5:16–18 und Johannes 9:31). Hinzu kommt, daß Jesus selbst über die Annahme seiner Gebete folgendes gesagt hat:

*»Vater, ich danke dir, daß du mich erhört hast. Ich wußte, daß du mich immer erhörst.«* (Johannes 11:41–42)

Infolgedessen ist das Gebet Jesu, welches er im Garten von Gethsemane geäußert hat, von Gott erhört worden. Gott hat ihn sicherlich von einem verfluchten Tod am Kreuz errettet.

Dazu lesen wir noch:

*»Als er ... Gebete und Bittrufe mit lautem Schreien und mit Tränen vor den getragen, der ihn aus dem Tode retten konnte, er ist erhört und aus seiner Angst befreit worden.«* (Hebräer 5:7)

Da wo die irdischen Maßnahmen zur Befreiung von Jesus versagt hatten, da kam der Meister im Himmel, ihn zu retten. Gerade weil Jesus Gebete und Bittrufe geäußert hatte, errettete ihn Gott vor einem verfluchten Tode am Kreuz.

## Jesus hatte das Zeichen Jonas vorausgesagt

Prophezeiung Jesu:

Auf Grund der Ankündigung vom Allmächtigen Gott wußte Jesus, daß er von der üblichen Planung seiner Gegner befreit wird. Er wußte auch, daß seine Rettung durch Gott ein göttliches Zeichen sein wird. Er hat also folgendes prophezeit:

*»Er antwortete ihnen: ›Diese böse und abtrünnige Generation fordert ein Zeichen, aber es wird ihr kein anderes gegeben als das Zeichen des Propheten Jona. Denn wie Jona drei Tage und drei Nächte lang im Bauch des Fisches war, so wird auch*

*der Menschensohn drei Tage und drei Nächte im Innern der Erde sein‹.«* (Matthäus 12:39–40)

In diesen Versen hatte Jesus sein Schicksal mit demjenigen des Propheten Jona verglichen. Das Zeichen des Propheten Jona, welches im Buch Jonas beschrieben wird, ist wie folgt:

*»Der Herr aber schickte einen großen Fisch, der Jona verschlang. Jona war drei Tage und drei Nächte im Bauch des Fisches, und er betete im Bauch des Fisches zum Herrn, seinem Gott: ›In meiner Not rief ich zum Herrn, und er antwortete mir. Aus dem Bauch der Hölle schrie ich um Hilfe, und du hörtest mein Rufen.‹«*

*»Da befahl der Herr dem Fisch, Jona ans Land zu speien.«* (Jona 1:17, 2:1–2, 2:10)

Falls nun Jesus am Kreuz sterben mußte und tot ins Herz der Erde (d.h. ins Grab) gelegt wurde, wo bliebe da die Ähnlichkeit mit dem Fall Jonas. Jona wurde vom Fisch lebendigen Leibes geschluckt. Alsdann blieb er im Fischbauch lebendig und kam lebendig wieder heraus. Die Ähnlichkeit in beiden Fällen ist nur dann gegeben, wenn Jesus, wie Jona, lebendig in den Fisch, beziehungsweise, ins Grab, gelegt wurde, und auch lebendig aus dem Grab herausgekommen ist.

## Der Traum der Frau des Pilatus

Bereits Josef hatte im Traum gesehen, daß er das Leben Jesu während seiner Kindheit retten mußte. Er nahm Jesus und seine Mutter mit nach Ägypten. (Matthäus 2:13) In ähnlicher Weise bezweckte der Traum der Frau des Pilatus, der in Matthäus 29:19 erwähnt wird, die Rettung des Lebens Jesu.

## Die Haltung des Richters Pilatus

Pilatus war von der Unschuld Jesu überzeugt. Aus Matthäus 27:17–19 geht klar hervor, daß er Jesus befreien und retten wollte. Dafür hatte er alles unternommen, was in seinem Machtbereich lag. Ja, sogar der Soldat hatte, offenbar unter dem Befehl von Pilatus, Jesus eine gute und heilsame Behandlung zukommen lassen. Pilatus hatte die Bekanntmachung seines Urteils bis zu einer günstigen Stunde, also wenige Stunden vor dem Beginn des jüdischen Sabbats, hinausgeschoben. Pilatus war von der Unschuld Jesu überzeugt. Er war nämlich überzeugt, daß Jesu, wegen der Nähe des Sabbats, nur wenige Stunden am Kreuz ausharren würde. Man hat auch Jesus Wein oder Essigwein verabreicht, um so seine Schmerzen zu lindern. (Matthäus 27:34)

## Andere Fakten

1. Die Bewußtlosigkeit nach der Verabreichung von Essig ist als Tod aufgefaßt worden. (Johannes 19:30)
2. Die Zeit am Kreuz dauerte etwa drei Stunden. (Johannes 19:14) Nach der Überlieferung von Markus war er 6 Stunden lang am Kreuz. Keine dieser beiden Zeitspannen hätte für den Tod am Kreuz ausgereicht. Gerade deshalb hatte sich der erfahrene Pilatus, der die Kreuzigung von Tausenden von Menschen befohlen haben dürfte, gewundert, daß er bereits tot gewesen sei. (Markus 15:44)
3. Die Soldaten haben Jesus die Beine nicht gebrochen. Den beiden anderen, die mit Jesus gekreuzigt wurden, wurden die Beine gebrochen. (Johannes 19:32–33)
4. Als Jesus mit einer Lanze in seine Seite gestoßen wurde, floß Blut. (Johannes 19:34) Dies ist ein klares Zeichen, daß er noch lebte.
5. Nachdem er vom Kreuz abgenommen wurde, wurde sein Körper nicht den Feinden, sondern den Freunden übergeben. (Johannes 19:38)

Rev. Dummolow schreibt in seiner Schilderung der Behandlung Jesu folgendes:

*»Das Holz von Myrrhe und Aloë wurde zu Pulver verrieben*

*und in die Bänder gelegt, die in Falten aufeinderfolgten. Der Nacken und das Gesicht wurden ohne Zweifel offengelassen, also unverhüllt.«* (Dummolows Kommentar zur Bibel, S. 808)

6. Die bekannte Salbe »*Marhame-Isa*« (wörtlich: ›die Salbe Jesu)‹ wurde für die Heilung seiner Wunden verwendet. Die Zusammensetzung und Empfehlung dieser Salbe ist in zahlreichen alten orientalischen Medizinbüchern festgehalten. Dort wird auch erwähnt, daß dieselbe Salbe für die Heilung der Wunden Jesu gebraucht wurde. Dies, nachdem er vom Kreuz lebendig herabgenommen worden war.

## Das Begräbnis Jesu

Jesus wurde nicht so begraben wie die anderen Verurteilten. Das Grabmal, in welchem Jesus beigesetzt worden war, wurde in den Felsen gehauen (Markus 15:46). Es war also wie eine Kammer, in welcher sich mehrere Personen aufhalten konnten, ohne daß sie erstickt wären. Das Grab gehörte einem seiner ergebenen Freunde. Dieser Freund mußte ernsthaft versucht haben, Jesus wieder zum Bewußtsein zu bringen. Als das Grab am dritten Tag besucht wurde, war der Stein vom Grab weggewälzt. Dies wäre nicht der Fall gewesen, wenn eine übernatürliche Auferstehung stattgefunden hätte. (Lukas 24:2–3)

## Die Befreiung aus dem Grabmal

Nachdem Jesus aus dem Grabmal herausgekommen war, hatte er immer noch seine leibliche Gestalt. Er begegnete seinen Jüngern. Als einige von ihnen Zweifel hegten, ob er wirklich Jesus sei, zeigte Jesus seine Wunden. Er versicherte den Jüngern dabei, daß er kein Geist sei, sondern ein Mensch mit Fleisch und Blut. (Lukas 24:39–40) Nachdem er aus dem Grab aufgestanden war, fühlte er Hunger. Er nahm den gebratenen Fisch und aß diesen vor den Augen der Anwesenden. (Lukas 24:41–43) Nachher unternahm Jesus eine Reise nach Galiläa zusammen mit zweien seiner Jünger. Er ging mit ihnen Seite an Seite. So brachte er sich an einen sicheren Ort. Wäre sein Ziel die Auferstehung in den Himmel gewesen, so hätte er die Flucht nach Galiläa nicht angetreten. Falls er am Kreuz gestorben und wieder lebendig geworden wäre, (wie in der Lehre der Sühne nach christlichem Glauben behauptet wird), hätte er sich auf den höchsten Platz in Jerusalem begeben und dort laut den Sieg über seinen Tod verkündet. Damit hätte er auch einen unwiderlegbaren Beweis erbracht, Sohn Gottes zu sein. Sein Verhalten ist aber ganz anders gewesen. Ganz im Gegenteil begegnete er seinen Jüngern, um diese zu überzeugen, er sei nicht am Kreuz gestorben. Auch sei er noch mit seinem irdischen Leib lebendig. Infolgedessen ist er dem Fluch der Kreuzigung entkommen. Zu beachten ist auch, daß er seine Jünger nur heimlich getroffen hat.

Die behauptete Prophezeiung über seine Auferstehung entspricht einfach nicht den Tatsachen. Petrus und die anderen Jünger wußten nicht einmal davon. (Johannes 20:9)

Lukas meint dazu, *»daß die Apostel es für ein Geschwätz gehalten haben und glaubten den Frauen nicht«.* (Lukas 24:11)

Falls Jesus den Jüngern von seiner Auferstehung im voraus berichtet hätte, hätten sie davon gewußt und wären überzeugt gewesen.

## Seine Flucht

Jesus geht zu den verlorenen Schafen des Hauses Israel.

*»Ich habe noch andere Schafe, die nicht aus diesem Hof sind; auch sie muß ich führen, und sie werden auf meine Stimme hören; dann wird es nur eine Herde geben und einen Hirten.«*
(Johannes 10:16)

# VII
# Muhammad in der Bibel

Allah sagt im Heiligen Quran:
*»Die da folgen dem Gesandten, dem Propheten, dem Makellosen, den sie bei sich in der Thora und im Evangelium erwähnt finden.«* (Al-Qur-ân 7:158)

Über die Ankunft des Heiligen Propheten Muhammad gibt es ohne Zweifel mehrere Prophezeiungen in der Bibel. Zu beachten ist aber, daß in dem oben zitierten Vers des Heiligen Qur-âns die Thora und die Evangelien besonders erwähnt werden; da Mose und Jesus unter allen israelischen Propheten die Prominentesten waren.

## Warum Zitate aus der Bibel

Wir, die Muslime, betrachten die Bibel als heilig und göttlich. Die Persönlichkeiten, die diese Quellen übermittelt hatten, waren wahrhaftige Menschen. Hier ist ein Vers aus dem Heiligen Qur-ân, der diese Schilderung bestätigt:
*»Sprecht: Wie glauben an Allah und was zu uns herabgesandt worden, und was herabgesandt ward Abraham und Ismael und Isaak und Jakob und* [seinen] *Kindern, und was gegeben ward Moses und Jesus, und was gegeben war* [allen andern] *Propheten von ihrem Herrn. Wir machen keinen Unterschied zwischen ihnen; und Ihm ergeben wir uns.«* (Al-Qur-ân 2:137)
Gleichzeitig darf nicht vergessen werden, daß nach der Auffassung der Muslime die heutigen Bibeltexte nicht intakt sind. Es sind zahlreiche Änderungen und falsche Übertragungen hineingeraten. Diese Interpretationen schließen jedoch

nicht aus, daß doch einige ursprüngliche Wahrheiten geblieben sind.

## Die Einheit der Religionen:

Das Prinzip, daß der Heilige Prophet Muhammad (Friede und Segnungen Allahs seien auf ihm) die Wahrheit aller vorangehenden Offenbarungen bestätigt, gewährleistet einen strengen Grundsatz der Harmonie unter den verschiedenen Religionen der Welt. Dadurch wird auch die Einheit der menschlichen Rassen gefördert. Die Tatsache, daß alle vorangehenden Propheten die Wahrheit des Heiligen Propheten Muhammad bestätigen, ist gleichzeitig ein kräftiges Zeugnis für die Wahrheit des Islams und für die grundsätzliche Einheit der Religionen.

## Ein Prophet wie Mose

Im 5. Buch Mose 18:18–20 prophezeit Mose:

> *»Gott sprach zu Mose mit den folgenden Worten: ›Ich will ihnen einen Propheten, wie du bist, erwecken aus ihren Brüdern und meine Worte in seinen Mund geben; der soll zu ihnen reden alles, was ich ihm gebieten werde. Und wer meine Worte nicht hören wird, die er in meinem Namen reden wird, von dem will ich's fordern. Doch wenn ein Prophet vermessen ist zu reden in meinem Namen, was ich ihm nicht geboten habe zu reden, und wenn einer redet in dem Namen anderer Götter, derselbe Prophet soll sterben‹.«*

Der Prophet, von dem in dieser Prophezeiung die Rede ist, war weder Jesus noch ein anderer israelitischer Prophet, da keiner von ihnen diesbezüglich einen Anspruch erhoben hat. Im Johannesevangelium 1:19–21 lesen wir, daß zur Zeit von Jesus die Juden die Ankunft von drei Propheten erwartet hatten: Erstens Elias, zweitens Christus und drittens einen Propheten von derartiger Eminenz und universeller Kraft und

Bedeutung, daß in diesem Fall eine weitere Beschreibung nicht für nötig erachtet wurde. Der Ausdruck »jener Prophet« genügte um darzulegen, wer damit gemeint war. Jesus hatte lediglich den Anspruch erhoben, er sei Christus. Er betrachtete den Johannes der Täufer als Elias (Matthäus 11:14 und 17:10–13) Hinzu kommt, daß er seine Wiederkunft in den letzten Tagen, *»als der wahre Glaube von der Erde verschwinden wird«*, vorausgesagt hatte (Lukas 18:8). Petrus hatte über die bestimmte Zeit »jenes Propheten« folgendes gesagt:

> *»... und Jesus sendet als den für euch bestimmten Messias. Ihn muß freilich der Himmel aufnehmen bis zu den Zeiten der Wiederherstellung von allem, die Gott verkündet hat duch den Mund seiner heiligen Propheten von jeher. Mose hat gesagt: ›Einen Propheten wie mich wird der Herr, euer Gott, euch aus euren Brüdern erwecken. Auf ihn sollt ihr hören in allem, was er zu euch spricht‹.«* (Apostelgeschichte 3:20–22)

Aus diesen Worten von Petrus geht offensichtlich hervor, daß die Ankunft »jenes Propheten« noch vor der zweiten Ankunft Jesu Christi stattfinden wird. Jesus hatte im Gleichnis über den Weinberg gesagt, daß der Besitzer des Weinberges erst nach ihm kommen wird. Dazu sagt er noch:

> *»Das Reich Gottes wird euch genommen und einem Volke gegeben werden, das seine Früchte bringt.«* (Matthäus 21:43)

Damit hatte Jesus klargemacht: dieser Prophet, der nach ihm kommen wird, wird nicht aus israelitischer Abstammung sein. Er wird von einer »anderen Nation« sein: aus seinen Brüdern, d.h. ismaelitischer Abstammung.

Diese Prophezeiung ist in der Person des Muhammad, dem Heiligen Gründer der Islamischen Religion erfüllt worden. Erstens ist er aus Ismaelitischer Abstammung, die Brüder der Israeliten waren. Damit ist auch die folgende Verheißung Gottes über Ismael erfüllt worden:

> *»Auch was Ismael angeht, erhöre ich dich. Ja, ich segne ihn ... und ich mache ihn zu einem großen Volk.«* (1. Moses 17:20)

Zweitens: Der Heilige Prophet Muhammad (s. a. w. s) war ein Prophet, der ein neues Gesetz gebracht hat, d. h. das Gesetz des Heiligen Qur-ân. Keiner von den israelitischen Propheten, einschließlich Jesus von Nazareth und mit Ausnahme von Mose hatte ein neues göttliches Gesetz gebracht, noch beanspruchte einer von ihnen, gleich Mose gewesen zu sein. Andererseits wird über den Heiligen Propheten Muhammad ausdrücklich im Heiligen Qur-ân gesagt, daß er der Prophet sei, der gleich Mose sei.

> *»Wir haben einen Gesandten zu euch geschickt... ebenso wie wir* [seinerzeit] *einen Gesandten* [Mose] *zu dem Pharao geschickt hatten.«* (73:16)

Dabei wird die Aufmerksamkeit der Juden auf folgende Prophezeiung des 5. Buch Mose 18:8 gelenkt:

> *»Während ein Zeuge von den Kindern Israels bezeugt hatte* [über einen], *der ihm gleich ist.«* (Qur-ân 46:11)

Der dritte Beweis ist die Tatsache, daß Muhammad, wie in der Prophezeiung beschrieben wurde, nicht aus sich selber gesprochen hat, wie es in der Prophezeiung stand. Er soll ihnen alles sagen, was ich ihm auftrage. Der Prophet Muhammad (s.a.w.s.) sprach im Namen Gottes, wie in der Prophezeiung vorausgesagt wurde, d. h. was Gott ihm aufgetragen hat. Alle Kapitel des Qur-ân (mit Ausnahme des Kapitels 9) beginnen: *»Im Namen Allahs, des Gnädigen, des Barmherzigen.«*

## Die Offenbarung des Herrn am Berg Paran:

Die Bibel enthält eine weitere wichtige Prophezeiung:

> *»Er sprach: ›Der Herr kommt von Sinai, er leuchtet auf beim Volk des Seïr, es strahlt vom Gebirge Paran. Bei Ihm sind heilige Zehntausende – in seiner rechten Hand ein feuriges Gesetz‹.«* (5 Buch Mose 33:2)

Das »Kommen von Sinai« ist ein Hinweis auf die Erscheinung von Mose, während die Aufleuchtung »beim Volk von

Seïr« sich auf die Ankunft von Jesus bezieht. Wer ist nun der Prophet, der vom »Gebirge Paran strahlte«. Es war kein anderer als der Heilige Prophet von Arabien. In der Tat und Wahrheit ist *Paran* ein alter Name für jenen Teil Arabiens, wo die Kinder von Ismael, der übrigens auch der Vorvater vom Heiligen Prophet Muhammad ist, sich niedergelassen hatten. Die arabische Form oder Aussprache des Wortes Paran ist »Faran« oder »Pharan«. In der Übersetzung der deutschen Bibel-Gesellschaft (Textfassung 1912) ist die Übersetzung des Pharan wiedergegeben worden. In dem geographischen Lexikon von Jaqut ist präzisiert worden, daß Faran der »Name des heiligen Mekka« sei. (F. Wüstenfeld, Leipzig 1892, Band III, S. 834)

Es darf demzufolge angenommen werden, daß Faran in der arabischen Sprache ursprünglich »Farran« war, der Bedeutung von zwei Flüchtlingen oder zwei Herrennenden. Offensichtlich wurde die Stadt (Mekka) nach Hager und Ismael genannt, die dort als Herrennende oder als Flüchtlinge angekommen waren. Dr. A. Benish in seiner Übersetzung von fünf Büchern des Alten Testamentes hat den Ausdruck »die Wüste von Paran« verwendet. Die Bezeichnungen »er kam mit heiligen Zehntausenden« in der Prophezeiung und »aus seiner rechten Hand ging ein feuriges Gesetz hervor« weisen ohne Zweifel auf die Merkmale des Heiligen Propheten Muhammad (s.a.w.s.). Als er die Stadt Mekka eroberte, wurde er von zehntausend Heiligen begleitet. Er ist auch derjenige, der das Gesetz des Heiligen Qur-âns gebracht hat. Folglich ist die Prophezeiung in einer wunderbaren Art in der Person des Heiligen Propheten Muhammad in Erfüllung gegangen (Friede und Segnungen Gottes seien auf ihm).

## Arabien ist das Land des verheißenen Propheten

Eine dritte Prophezeiung ist wie folgt:

*»Dies ist die Last für Arabien: Ihr werdet im Gestrüpp, in der*

*Steppe über Nacht bleiben, ihr Karawanen der Dedaniter. Bringet den Durstigen Wasser entgegen, die ihr wohnet im Lande Tema; bietet Brot den Flüchtigen. Denn sie fliehen vor dem Schwert, ja vor dem bloßen Schwert, vor dem gespannten Bogen, vor der Gewalt des Kampfes. Denn also hat der Herr zu mir gesprochen: ›Noch in einem Jahr, wie des Tagelöhners Jahre sind, soll alle Herrlichkeit Kedars untergehen, und der Bogenschützen Kedars sollen wenige übrigbleiben; denn der Herr, der Gott Israels hat's gesagt‹.«* (1 Jesaja 21:13–17)

Zu dieser Prophezeiung ist folgendes zu beachten:

1. Die Szene in der Prophezeiung ist die von Arabien. Dieses Merkmal ist von höchster Bedeutung. Der Heilige Prophet Muhammad ist in Arabien erschienen.
2. Die Prophezeiung spricht von *»ihm der flüchtete«*. Die Flucht des Propheten Muhammad von Mekka nach Medina ist ein sehr bedeutendes Ereignis in der Weltgeschichte. Der islamische Kalender beginnt mit dem Jahr der Hegira, d.h. der Flucht des Propheten Muhammad (s.a.w.s.) im Jahre 622.
3. *»Sie fliehen vor dem gezogenen Schwert.«* Dieses Merkmal beweist in entscheidender Weise die Erfüllung der Prophezeiung in der Person des Heiligen Propheten Muhammad. Er flüchtete von Mekka, während sein Haus von seinen Todesfeinden, die mit gezogenen Schwertern und dürstend nach seinem Blut gekommen waren, umzingelt worden war.
4. Der Ausdruck *»innerhalb eines Jahres«* enthält ein weiteres klares Zeugnis im Bezug auf den Propheten Muhammad. Ferner lesen wir in der Prophezeiung, binnen eines Jahres soll *»alle Herrlichkeit Kedars untergehen, und der übrigen mächtigen Männer zu Kedar soll wenig sein«*. Diese Voraussage ist während der Schlacht von Badr erfüllt worden, die innerhalb eines Jahres nach der Flucht des Propheten Muhammad von Mekka nach Medina stattgefunden hat. In dieser Schlacht hatten die Quraisch von Mekka, (das in der Prophezeiung Kedar genannt wird), eine vernichtende Niederlage erlitten.

Die meisten ihrer mächtigen Männer sind in der Schlacht von Badr gefallen.

Rev. C. Forster bestätigt, daß Kedar im Hedjaz, d.h. Arabien, gelegen ist. Er hat das Volk Kedar als identisch mit dem arabischen Stamm von Quraisch dargelegt. (Vgl. Foster C., The historical Geography of Arabia, S. 244–265)

## Der Name Muhammad wird in der Bibel erwähnt

Im Hohenlied Salomos (5:10–16) finden wir eine wichtige Prophezeiung:

*»Mein Geliebter ist weiß und rot, ausgezeichnet vor Zehntausenden. Sein Haupt ist gediegenes, feines Gold, seine Locken sind herabwallend, schwarz wie der Rabe; seine Wangen wie Beete von Wurzkraut, Anhöhen von duftenden Pflanzen; seine Lippen Lilien; träufend von fließender Myrrhe; seine Hände goldene Rollen, mit Topasen besetzt; sein Leib ein Kunstwerk von Elfenbein, bedeckt mit Saphiren; seine Schenkel Säulen von weißem Marmor, gegründet auf Untersätze von feinem Golde; seine Gestalt wie der Libanon, auserlesen wie die Cedern; sein Gaumen ist lauter Süßigkeit, und alles an ihm ist lieblich. Das ist mein Geliebter und das mein Freund, ihr Töchter Jerusalems.«*

Der Geliebte, von dem in dieser Prophezeiung die Rede ist, ist der Geliebte Gottes. Ein bekannter Name für den Heiligen Propheten Muhammad ist *»Habibullah«*, d.h. der Geliebte Gottes.

An zweiter Stelle lesen wir in der Prophezeiung *»mein Geliebter ist weiß und rot«*. Diese waren die Farben des Propheten Muhammads.

Drittens ist das Merkmal *»ausgezeichnet vor Zehntausenden«*. Wir haben bereits dargelegt, daß der Heilige Prophet Muhammad bei der Eroberung Mekkas von zehntausend Gefährten begleitet wurde.

Das vierte und höchst erstaunliche Kennzeichen ist der Name Muhammad, der im Vers 16 der oben zitierten Stelle erwähnt wird: »alles ist Wonne an ihm«. Dies ist allerdings die deutsche Übersetzung. In der hebräischen Bibel wird dafür das Wort »Muhammad-im« verwendet.

(Vgl. hebräische Ausgabe der Bibel, herausgegeben von Trowitzsch & Sons, Berlin, S. 1159, British Foreign Bibel Society.)

## Prophezeiungen aus dem Evangelium
## Der verheißene Tröster im Neuen Testament

Diese Prophezeiung ist wie folgt:

*»Wenn ihr mich liebt, werdet ihr meine Gebote halten. Ich werde den Vater bitten, und er wird euch einen anderen Beistand* [Tröster] *geben, damit er immer bei euch bleibt. Es ist der Geist der Wahrheit.«* (Johannes 14:15–17)

In der neuen Ausgabe wird der Ausdruck Beistand anstatt Tröster bevorzugt. (Vgl. deutsche Bibel-Übersetzung, Stuttgart, 1972)

*»Der Beistand aber, der Heilige Geist, den der Vater in meinem Namen senden wird, er wird euch alles lehren und euch an alle erinnern.«* (Johannes 14:26)

Ferner lesen wir: *»Aber ich sage euch die Wahrheit: Es ist gut für euch, daß ich gehe. Denn so ich nicht fortgehe, so kommt der Tröster nicht zu euch; so ich aber gehe, will ich ihn zu euch senden«.* (Johannes 16:7)

*»Ich habe euch noch viel zu sagen; aber ihr könnt es jetzt nicht tragen. Wenn aber jener, der Geist der Wahrheit, kommen wird, der wird euch in die ganze Wahrheit leiten. Denn er wird nicht von sich selber reden, sondern was er hören wird, das wird er reden, und was zukünftig ist, das wird er euch verkündigen. Derselbe wird mich verklären, denn von dem Meinen wird er's nehmen und euch verkündigen«.* (Johannes 16:12–14)

Daraus geht hervor, daß Muhammad der verheißene Tröster ist. Bei Johannes 14:26 wird der Heilige Geist als Tröster bezeichnet. Diese Behauptung widerspricht aber dem einfachen und unzweideutigen Text bei Johannes 16:7. Im letzterwähnten Text sagt Jesus, daß sein Hingehen, d.h. sein Hinschied, für das Erscheinen des Trösters (bzw. des Beistandes) »unvermeidlich notwendig ist«. Dazu lesen wir im neuen Testament, daß Johannes mit dem Heiligen Geist erfüllt war, sogar bevor er geboren wurde (Lukas 1:41). Wir lesen dazu, daß Jesus selbst den Heiligen Geist in der Form einer Taufe empfangen hat (Matthäus 3:16). Somit ist klar geworden, daß der Heilige Geist schon vor Jesus und zu seiner Lebzeiten die Menschen aufsuchte. Der folgende Satz in der Prophezeiung kann demzufolge sich nicht auf den Heiligen Geist beziehen:

*»Denn so lange ich nicht gehe, kommt der Tröster nicht zu euch.«*

Daraus ist zu entnehmen, daß der Heilige Geist zusammen mit Jesus existiert hat. Es dürfte auch frevlerisch und gegen die Grundsätze der Religion sein, wenn man annehmen würde, daß Jesus je ohne den Heiligen Geist war. Es folgt, daß der Tröster oder Beistand ein anderer als der Heilige Geist ist.

Dieser Umstand unterstützt allerdings unsere Meinung, daß die gegenwärtige christliche Bibel mehrfach interpoliert worden ist. Die Auffassung, daß mit dem Ausdruck »Geist der Wahrheit« in den erwähnten Bibelstellen nicht der Heilige Geist gemeint ist, wird auch damit belegt, daß Jesus für den Tröster das männliche Pronomen »er« und nicht etwa das sächliche »es« verwendet hat. (In der deutschen Übersetzung fällt das nicht auf, da das »Heiliger Geist« auch männlich ist.

Ein weiteres Kennzeichen für den Tröster oder Beistand, der in der erwähnten Stelle als Geist der Wahrheit bezeichnet wird, ist die *»Leitung in der ganzen Wahrheit«*. Der Heilige Prophet Muhammad ist der einzige Prophet, der den Anspruch auf Gottes Offenbarung der vollkommenen Lehren, d.h. des Heiligen Qur-ân, erhoben hat. Ein europäischer

Gelehrter, Davenport, schreibt dazu:

*»Der Qur-ân ist ein allgemeiner Kodex für die islamische Welt;« »ein soziales, bürgerliches, geschäftliches, militärisches, gerichtliches, strafrechtliches und gleichwohl ein religiöses Gesetzbuch. Durch dieses Buch wird alles reguliert, von den Zeremonien der Religion bis zu solchen des täglichen Lebens, von der Erlösung der Seele bis zur Gesundheit des Körpers, von Rechten und Pflichten der Gemeinschaft und von moralischen Grundsätzen bis zur Kriminalität, von der Bestrafung in dieser Welt bis Strafen im jenseitigen Leben.«*

Weiter heißt es in der Prophezeiung, daß der Tröster *»nicht von sich selbst redent sondern wird davon reden, was er hört«*. Der Geist, der nach christlicher Darlegung bei den Aposteln zu Pfingsten erschienen war, war nicht der Tröster, der *»nicht von sich selbst«* geredet haben durfte. Dieser Geist konnte in den Körper, in dem er lebte, hineinsteigen. Zitat: *»Mich, mir, mein, wir, wir selbst, uns«* waren die Worte, die Peter, Johannes, Philip, James und die Zwölf ausgesprochen haben. Aus diesem Grunde können die Worte der Prophezeiung nicht im Sinne desjenigen Heiligen Geistes verstanden oder verdreht werden, der angeblich den Jüngern bereits zugeteilt worden war. Nach Maßgabe des Berichtes in Johannes 20:22 hatten sie jenen Geist bereits empfangen: *»Nach diesen Worten hauchte er sie an und sprach zu ihnen: Empfangt den Heiligen Geist.«*

Hinzu kommt die Betrachtung, daß der Heilige Geist angeblich als dritte Person der Trinität ein Partner in der Gottheit ist. Somit hätte er denn einen fairen Anspruch auf ein Drittel der Gottheit. Wieso soll dieser Anspruch nun so reduziert werden, daß er lediglich den Status eines Empfängers bekommen hat, der von einer anderen Person durch das Hören etwas erfährt. Zugleich wird er aber in der Prophezeiung als der aktive Beauftragte für das Handeln und Ausführen beschrieben, der den anderen die Wörter mitteilte, die er durch die Offenbarung Gottes empfangen hat. Der Gegenstand dieser Prophezeiung ist also derjenige Prophet, von dem der Heilige Qur-ân sagt: *»Noch spricht er aus Begierde. Es ist nur eine Offenbarung, die offenbart wird.«* (53:4–5)

Der tröstende Beistand wird wiederholt in der Bibel als *›Geist der Wahrheit‹* bezeichnet. Hier ist insbesondere zu beachten, daß das Wort »Tröster« oder »Beistand« durch keinerlei Einbildung oder Verdrehung so ausgelegt werden kann, daß damit der Heilige Geist gemeint wird. Der Heilige Geist wird in der Bibel nirgends *›Geist der Wahrheit‹* genannt. Des weiteren spricht Jesus Christus selbst von einem anderen Tröster. Er selbst war somit nicht der Tröster. Der andere Tröster, von dem prophezeit wird, muß ähnlich Jesus selbst, ein sterbliches Wesen sein. Die diesbezügliche Darlegung des Heiligen Qur-âns ist beachtenswert. Im folgenden Vers wird die Ankunft des Heiligen Propheten Muhammad wie folgt verkündigt:

> *»Und sprich: Gekommen ist die Wahrheit und dahingeschwunden ist das Falsche. Siehe, das Falsche schwindet schnell.« (*Arabisch: *»Wa qul djaa-al-Haqqu wa zahaq-al-Batil, innal Batila kaana Zahuqa«)* (Qur-ân 17:82)

Der Einwand, daß der Heilige Prophet des Islam ein Mensch (und nicht Heiliger Geist) gewesen ist, kann nicht standhalten. In der Bibel wird das Wort Geist für verschiedene Bedeutungen verwendet. So zum Beispiel: »Der Geist ist willig, aber das Fleisch ist schwach.« Hier wird damit der geistliche Teil des menschlichen Körpers gemeint. Bei einer anderen Stelle wird der Ausdruck an Stelle von Gott verwendet. Dies sowohl im Heiligen Qur-ân, wie auch in der Bibel. Der Geist steigt auf die frommen Menschen herab. Der Ausdruck »Geist« bedeutet bisweilen eine fromme und tugendhafte Person: »Das was vom Geist geboren ist, ist Geist.« Die christliche Behauptung, daß das Wort Geist für ein körperliches Wesen nicht verwendet werden darf, ist ohne jegliche Grundlage.

Eine weitere Funktion des Trösters ist, daß er *»mich ver-*

*herrlichen wird«*. Diese Beschreibung bedingt, daß mit ihm auch ein anderer Mensch anwesend ist, damit er zum Zeugen für die Verkündigung wird. Der Heilige Geist kann hingegen und bestenfalls nicht mehr als die Einträuflung ins menschliche Gehirn. Er vermag eventuell den Menschen etwas beizubringen. Diese sind jedoch ganz andere Funktionen als »Verherrlichung« oder »Verklärung«, wie es in der Prophezeiung festgelegt wird. Selbst wenn wir nur argumenthalber annehmen würden, daß der Heilige Geist tatsächlich durch die Menschen das Zeugnis getragen hat, bliebe eine Frage offen: ob der Heilige Geist Jesus von falschen Anschuldigungen, die ihm vorgeworfen wurden, entlastet hat?

Die Juden hatten ihm mit mehrfacher Verfluchung überhäuft, vor allem durch die Behauptung, er sei am Kreuz gestorben. Der Tod am Kreuz ist nach jüdischer Auffassung und nach Massgabe ihrer Schriften als Fluch zu betrachten. Haben die Christen durch die Inspiration des Heiligen Geistes ihn von diesem Vorwurf gerettet? Nein, ganz im Gegenteil. Sie haben vielmehr den Juden in ihrer gotteslästerlichen Propaganda durch den behaupteten Kreuzestod Beihilfe geleistet. Hinzu kommt die Behauptung der Christen, daß Jesus buchstäblich (nicht etwa sinnbildlich) der Sohn Gottes sei. Damit haben sie ihm eine höchst abscheuliche Sünde zugeschrieben.

Allein durch den Heiligen Propheten Muhammad (s.a.w.s.) ist die Prophezeiung des Neuen Testaments in Erfüllung gegangen. Er ist derjenige, der mit Nachdruck die göttliche Offenbarung wie folgt verkündete:

> *»Allah sprach: ›O Jesus, Ich will dich einen natürlichen Todes sterben lassen und will dir bei mir Ehre verleihen und dich reinigen* [von den Anwürfen] *derer, die ungläubig sind‹.«* (3:56)

Inwieweit hat der Heilige Prophet Muhammad bei dieser Aufgabe Erfolg gehabt? Dies kann man durch den Umstand mit der Tatsache beurteilen, daß jeder Muslim Jesus (Friede sei auf ihm) als aufrichtigen Diener Gottes und als einen Propheten Gottes betrachtet.

Der Glaube an Jesus ist in der Tat ein Teil des muslimischen Glaubensbekenntnisses.

Eine weitere Bezeichnung des verheißenen Trösters, die im Evangelium festgelegt wird, ist allerdings für die Christen zum Stolperstein geworden. Das sind die Wörter in der Prophezeiung: *»Damit er* [der Tröster] *immer mit euch bleibt.«* Es wird der falsche Eindruck erweckt, daß der Tröster, um unsterblich zu sein, ein Geist sein müßte und nicht ein menschliches Wesen. Dieser Einwand beruht aber auf Unkenntnis der Bibel. Der Wörter von Jesus selbst sind genug, diesen falschen Einwand zu beseitigen: *»Er wird euch einen anderen Tröster geben, damit er immer mit euch bleibt.«* Damit ist klar vorausgesagt worden, daß der Tröster bzw. seine Lehren für immer bleiben werden.

Tatsache ist, daß Jesus von einem Ende seines eigenen Lebens, aber von der Kontinuität des Lebens des Trösters, gesprochen hat. Damit hat er gelehrt, daß die Dauer des Fortlebens des Trösters, d.h. seiner Lehren, für immer sein wird. Damit ist auch sein geistlicher Einfluß für die gesamte Menschheit gemeint.

Wenn ein Prophet für die Reformation eines Volkes gesandt wird, trägt er zweifache Macht. Einmal das Buch der Gesetze, mit dem das Leben der Menschen reguliert wird. Dazu besitzt er aber einen persönlichen Magnetismus, der aus jeden Menschen, der mit ihm Kontakt aufnimmt, einen veredelnden Einfluß auswirkt. Aus der Sicht dieser Auswirkungen hat Jesus lange nicht mehr existiert. Hingegen ist der Heilige Prophet des Islam bis heute und für immer in diesem Sinne lebendig. Jesus hat eine Kombination von Gesetzen und spiritueller Kraft mitgebracht, mit der er eine betrachtenswerte Reformation innerhalb seines eigenen Volkes und für eine begrenzte Zeit herbeigeführt hat. Mit der Zeit sind aber jene Gesetze, die für jene bestimmte Stufe der menschlichen Gesellschaft passend waren, überholt worden. Seine Lehren waren für die spätere Erweiterung und Entwicklung der Gesellschaft nicht von praktischer Bedeutung. Die spirituelle Kraft, die seinerzeit Wunder gewirkt hat, hat später ihre Wirkung verloren. Sie ist nach und nach verschwunden. Auf diese Weise ist das Bedürfnis nach einem anderen trostreichen Beistand entstanden, der mit sich ein vollkommenes Gesetz bringen mußte; nicht für eine bestimmte Sippschaft oder für ein einziges Volk, sondern für die gesamte Menschheit.

Die Zivilisation hatte bis zum Zeitalter der Offenbarung des Heiligen Qur-âns genügend Fortschritte gemacht. Die Menschen waren nun dazu fähig, eine solche Offenbarung und Religion zu empfangen, die weiter fortgeschritten war, als diejenige, die für das Fassungsvermögen der Juden des Zeitalters Jesu galt. Es war deshalb notwenig, daß die nicht mehr adäquaten Lehren von Jesus durch ein vollkommenes Gesetz Gottes [d.h. Qur-ân] ersetzt werden, das für die Regulierung der Angelegenheiten der gesamten Menscheit gültig ist. Um diesen Bedarf zu erfüllen, hat Gott den Heiligen Propheten Muhammad gesandt. In Bezug auf ihn sagt die Offenbarung im Heiligen Qur-ân:

*»Wir entsandten dich nur als eine Barmherzigkeit für alle Welten«* (d.h. für alle Völker und für alle Zeiten). (21:18)

# VIII
# Die Wiederkunft Christi

Jesus Christus hatte seine Wiederkunft vorausgesagt. Er hat auch über die Zeichen der Zeit der Wiederkunft gesprochen. Wir lesen im Neuen Testament:

*»Als er auf dem Ölberg war, kamen die Jünger allein zu ihm und fragten: ›Sag uns, wann wird das geschehen, und was ist das Zeichen für deine Ankunft und das Ende der Welt?‹ Jesus antwortete ihnen: ›Gebt acht, daß euch niemand irreführt! Denn viele werden unter meinem Namen auftreten und sagen: Ich bin der Messias, und sie werden viele irreführen. Ihr werdet von Kriegen und Gerüchten über Kriege hören. Gebt acht, laßt euch nicht erschrecken! Das muß so kommen; es ist aber noch nicht das Ende. Denn ein Volk wird sich gegen das andere erheben und ein Reich gegen das ander, und an vielen Orten wird es Hungersnöte und Erdbeben geben‹.«*

(Matthäus 24:3–7)

Ferner wird vorausgesagt:

*»Wenn aber der Menschensohn kommt, wird er dann auf Erden noch Glauben antreffen?«* (Lukas 18:8)

Das Fragezeichen in diesem Vers ist ein Hinweis darauf, daß der glaubenslose Zustand von Völkern die Ankunft eines Messias notwendig machen wird.

Über die fortwährende Verschlechterung des Zustandes von Menschen sind sogar die folgenden Einzelheiten in der Schrift zu lesen:

*»Das sollst du wissen: In den letzten Tagen werden schwere Zeiten anbrechen. Die Menschen werden selbstsüchtig sein, habgierig, prahlerisch, überheblich, bösartig, den Eltern ungehorsam, undankbar, ohne Ehrfurcht, lieblos, unversöhnlich,*

*verleumderisch, unbeherrscht, rücksichtslos, roh, heimtückisch, verwegen, hochmütig, mehr dem Vergnügen als Gott zugewandt. Den Schein der Frömmigkeit werden sie wahren, doch die Kraft der Frömmigkeit werden sie verleugnen. Auch von diesen Menschen wende dich ab.«*

(Der zweite Brief an Timotheus 3:1–5)

Bei der Behandlung der Frage der Wiederkunft Christi gibt es drei wichtige Aspekte: Erstens die Zeit, zweitens die Art und drittens das Ziel.

Die Bestimmung der Zeit der Wiederkunft, falls überhaupt eine genaue Kalkulation möglich wäre, sollte hier die wichtigste Betrachtung sein. Dazu ist zu beachten, daß, wenn wir an Gott als All-Weisen und Wohltätigen Herrn glauben, die unumgängliche Folge davon ist, daß ein von Gott gesandter Reformator zu einer Zeit erscheinen muß, da seine Ankunft am notwendigsten ist. So wird die Zeit der Wiederkunft Jesu nicht nur durch die auf Prophezeiungen beruhende Kalkulation bestimmt, sondern gleichzeitig durch die Notwendigkeit seiner Ankunft, die in einem gewissen Zeitalter dringlich festgestellt wird. Tatsache ist, daß alle Zeichen für die Wiederkunft Jesu Christi erfüllt worden sind. Da aber die meisten Christen über die Art und Weise seiner Ankunft noch keine Gewissheit erlangt haben, richten sie ihre Hoffnungen aus und erwarten vergeblich, daß Jesus nur in der Art und Weise erscheint, die sie selbst sich vorzustellen wünschten. Diese Vorstellung der Christen bedarf einer Korrektur. Wir lesen in der Bibel:

*»Bevor aber der Tag des Herrn kommt, der große und furchtbare Tag, sende ich zu euch den Propheten Elija.«* (Maleachi 3:23)

Ferner:

*»denn bis hin zu Johannes haben alle Propheten und das Gesetz darüber geweisgesagt. Und wenn ihr es gelten lassen wollt, ja, er ist Elija, der wiederkommen soll.«*

(Matthäus 11:13–14)

*»Da fragten ihn die Jünger: ›Warum sagen denn die Schriftgelehrten, zuerst müsse Elija kommen?‹ Er antwortete: ›Ja, Elija kommt, und er wird alles wiederherstellen. Ich sage euch aber: Elija ist schon gekommen, doch sie haben ihn nicht erkannt, sondern mit ihm gemacht, was sie wollten. Das gleiche wird auch der Menschensohn durch sie erleiden.‹ Da verstanden die Jünger, daß er von Johannes dem Täufer sprach.«*

(Matthäus 17:10–13)

Aus diesem Zitat ergibt sich, daß die Wiederkunft nicht physisch und persönlicher Art sein wird. Man darf nicht erwarten, daß Jesus mit gleichem Leib wieder erscheint. Wenn man die physische Wiederkunft annimmt, wie die Juden die physische und persönliche Wiederkunft des Elijas erwartet haben, so hat man die Juden nachgeahmt. Den Juden wird der Vorwurf gemacht, daß sie die buchstäbliche Wiederkunft Elijas vor der Ankunft Jesu Christi erwartet haben. Wohlgemerkt, daß Jesus Christus im oben zitierten Vers (Matthäus 17:10–13) feststellt, daß die Wiederkunft Elijas nicht buchstäblich, sondern in der Person des Johannes des Täufers erfüllt worden ist.

Obwohl die Wiederkunft Elijas prophezeit worden war, haben die Juden ihn nicht erkannt. Sie verfolgten ihn sogar.

Ein ähnliches Leid und Verfolgung mußte auch Jesus bei seiner zweiten Ankunft durchmachen. Es handelt sich dabei offensichtlich um seine Verfolgung bei seiner Wiederkunft, da Elija, mit dem er seinen Fall verglichen hat, auch bei seiner Wiederkunft (in der Person des Johannes des Täufers) verfolgt wurde. Ebenso wie Elija nicht erkannt wurde (obschon seine Wiederkunft nach den Worten Jesu selbst bereits stattgefunden hat). In der gleichen Art und Weise sollte Jesus, ebenso wie Elija, bei seiner Wiederkunft verfolgt werden. Dies bedeutet, daß die Wiederkunft nicht buchstäblich in seiner Person, sondern in der Person eines anderen zu erwarten ist.

Jesus hat ferner sein Wiederauftreten mit der eines Diebes verglichen:

*»Denkt daran: Wenn der Herr des Hauses wüßte, zu welcher Stunde in der Nacht der Dieb kommt, würde er wach bleiben und nicht zulassen, daß man in sein Haus einbricht. Darum haltet auch ihr euch bereit! Denn der Menschensohn kommt zu einer Stunde, in der ihr es nicht erwartet.«*
(Matthäus 24:43–44)

*»Ihr selbst wißt genau, daß der Tag des Herrn kommt wie ein Dieb in der Nacht.«* (Der erste Brief an Thessalonicher 5:2)

*»Der Tag des Herrn wird aber kommen wie ein Dieb.«*
(2 Petrus 3:10)

Der hier verwendete Ausdruck »Dieb« weist darauf hin, daß die Wiederkunft in einer gewissen geheimnisvollen Weise stattfinden wird. Falls aber die Prophezeiungen buchstäblich aufgefasst werden, gäbe es keine Geheimnisse und Dunkelheit. Eine Person, die vom Himmel herabsteigt und in der Mitte des Himmels und der Erde von einer Heerschar von Auserwählten empfangen wird, kann kaum bezüglich der Ankunft mit der eines Diebes verglichen werden. Der Dieb kommt nicht nur im Dunkeln, sondern auch verschleiert oder verkleidet. So muß auch die zweite Ankunft Jesu sein. So wird dieselbe nur im metaphorischen Sinne geschehen, genau wie Johannes der Täufer im metaphorischen Sinne Elija war. Jesus hatte also in der Person eines anderen Menschen zu erscheinen. Um diese Verschleierung zu umdeuten, ist seine Wiederkunft mit der eines Diebes verglichen worden.

Kurz gesagt, sollten wir uns nicht so verhalten, wie es die Juden in Bezug auf Elijas zur Zeit des Christus getan haben. Man darf also nicht die Herabkunft des genau gleichen Christus abwarten, der von Maria geboren worden war. Sein Aufstieg in den Himmel war nur sinnbildlich gemeint, und so muß auch seine Herabkunft sein. Jesus selbst leugnet, daß er leiblich in die Welt wiederkommen wird, da er sagt:

*»Denn ich sage euch: Von jetzt an werdet ihr mich nicht mehr sehen, bis ihr ruft: Gepriesen sei er, der kommt im Namen des Herrn.«* (Matthäus 23:39)

Es folgt daraus, daß die zweite Ankunft Christi durch das Erscheinen einer anderen Person in Erfüllung gehen wird, die im Namen Jesu zu kommen hat. So ist auch in der Tat und in Wahrheit bereits geschehen. Die Wiederkunft Jesu wurde in der Person von Hazrat Mirza Ghulam Ahmad (Friede Gottes auf ihm) erfüllt, der der Gründer der Ahmadiyya Gemeinschaft des Islam war (1835–1908). Er ist in einem Land erschienen, welches im Osten von Palästina liegt, so wie in der folgenden Prophezeiung beschrieben worden war:

*»Denn wie der Blitz bis zum Westen hin leuchtet, wenn er im Osten aufflammt, so wird es mit der Ankunft des Menschensohnes sein.«* (Matthäus 24:27)

Hazrat Ahmad, aus Qadian, Indien, lebte vom Jahre 1835 bis 1908 (der Friede Gottes sei auf ihm). Er ist der Verheißene Messias und der Gründer der Ahmadiyya Gemeinde des Islam. Die Prophezeiung über die Wiederkunft Jesu Christi ist durch ihn erfüllt worden. Er ist gekommen, alle Völker der Erde zu einem einzigen Glauben aufzurufen, d.h. zum Islam. Islam ist die einzige Religion, die eine Lösung für die Probleme dieser Welt darstellt. Er sagt:

*»Ich bin das Licht dieses dunkeln Zeitalters. Derjenige, der mir folgt, wird vor einem Sturz in die Fallgrube gerettet, die vom Teufel für jene Leute vorbereitet worden ist, die im Dunkeln laufen. Ich bin von Gott gesandt worden, damit ich die Menschheit zu Ihm führe.«*

Weiter sagt er:

*»Jesus hat die Juden im gleichen Zustand vorgefunden, in der ich die heutige Welt vorfinde. Genau so wie der Rückgang des Glaubens die Liebe Gottes aus den Herzen der Juden weggenommen hatte, so wie ihr moralischer Zustand zerstört worden war, hat die heutige Welt es unterlassen, die Liebe zu Gott zu*

*pflegen. Ich bin* [von Gott] *gesandt worden, um die Wahrheit und den Glauben wiederherzustellen und die Liebe und Furcht Gottes in den Herzen von Menschen wiederzubeleben. Dies allein ist das Ziel meines Daseins.«*

## Warum kommt der Messias aus den Muslimen?

Alle anderen Propheten sind in den Islam aufgenommen worden. Dies wird im Heiligen Qur-ân klar dargestellt. (Der Heilige Qur-ân 5:4) Islam ist deshalb die vollkommene Stufe der Offenbarung Gottes für die Menschheit. Darüber hinaus enthält der Heilige Qur-ân als Offenbarung alle jene Wahrheiten und Führungsprinzipien, die je einem Volk für die Führung der Menschheit gegeben wurden. Gleichzeitig verkündet der Heilige Qur-ân sämtliche Grundsätze der Wahrheit, die bislang etwa wegen bestimmter Umstände einer Gesellschaft oder wegen der anfänglichen Stufe ihrer Entwicklung nicht offenbart worden waren. Der Islam erfüllt dazu noch alle spirituellen und moralischen Bedürfnisse der immer fortschreitenden Menschheit. Dies ist auch der Grund, daß nur der Heilige Prophet Muhammad (s.a.w.s.) mit der Führung der gesamten Menschheit beauftragt worden ist. Alle anderen vorangehenden Propheten, einschließlich Jesus, wurden nur für die Verkündigung zu bestimmten Stämmen oder Nationen gesandt.

Gleichzeitig leugnet der Islam die Integrität oder Wahrheit des ursprünglichen Christentums nicht. Islam beansprucht dabei, daß er die vollkommene Stufe jenes christlichen Urglaubens sei, der in der intakten Form von Christus gelehrt wurde. Der Verheißene Messias sollte deshalb innerhalb der Angehörigen des Islams erscheinen.

Seine Aufgabe war es, die Wahrheit des Islams zu beweisen. Zugleich hatte er die Mißverständnisse und die falschen Glaubenslehren, die sich im allgemeinen bei allen Religionen, insbesondere aber ins Christentum, eingeschlichen hatten, zu beseitigen.

Hazrat Ahmad, der Verheißene Messias, hat diesbezüglich folgendes gesagt:

*»Ich hatte nie den Wunsch gehabt zu beanspruchen, daß ich der Verheißene Messias sei. Ich habe es vielmehr gerne gehabt, das Leben in Einsamkeit zu verbringen, so daß die Welt gar nichts von mir gewußt hätte. Aber die weise Planung Gottes hatte anderes bestimmt. Gott selbst hat mir befohlen, aus der einsamen Ecke herauszukommen, die ich so gerne gehabt habe. Es ist nicht der Wille des Allmächtigen Gottes, daß einem Menschen mehr Ehre und Würde zugestanden wird, als ihm tatsächlich zusteht. Andernfalls wäre es gegen den Grundsatz der Einheit Gottes* [einen Menschen übermäßig zu verehren]. *Weil nun Jesus, den Gott als Messias für die Israeliten gesandt hat, zum Gott gemacht wurde, deshalb hat die göttliche Eifersucht bestimmt, daß eine andere Person als Messias bestimmt wird. Dadurch sollte die Welt wissen, daß der erste Messias nicht mehr als ein schwacher und sterblicher Mensch war. Gott, der Allmächtige, hat einem Anhänger des Heiligen Propheten Muhammads (s.a.w.s.) die Würde eines Messias erwiesen. Damit hat Er nicht nur den Fehler der Christen, die ursprünglich in bezug auf die Ehrung Jesu Christi übertrieben haben, beseitigt, sondern auch die wahre und höchste Rangstufe des Propheten des Islams offengelegt, dessen Diener als Messias für die letzten Tage erschienen ist. Es gibt auch einen weiteren Grund dafür, daß der Messias unter den Muslimen berufen wurde. Dies, weil der Islam eine lebendige Religion ist. Seine segenreichen Gnaden werden bis zum letzten Tage der Gerechtigkeit unaufhörlich andauern. Diese Tatsache beweist, daß die heiligende Kraft des Heiligen Propheten Muhammads großartig ist. Die spirituellen Segnungen* [des Heiligen Propheten des Islams] *wirken ihren heilsamen Einfluß auf seine Anhänger sogar nach drei-*

*zehn Jahrhunderten.«* (nach dem Heiligen Propheten Muhammad (s.a.w.s.), d.h. im 20. Jahrhundert des westlichen Kalenders, als der Verheißene Messias gesandt wurde).

Christliche Schwestern und Brüder unseres Zeitalters! Falls Ihr Glauben an Jesus habt, geht nicht hinweg von diesem Ruf, der von Gott gekommen ist. Ihr sollt die Wahrheit des von Gott geheiligten Hazrat Ahmads, des Verheißenen Messias, nach Maßgabe der Kriterien erforschen, die von Jesus in Matthäus 7:15–20 festgelegt worden sind: Falls Hazrat Ahmad nicht von Gott mit Seinen Worten beauftragt worden wäre, wäre er nach Maßstab der Bibel bereits vernichtet gewesen.

Zitate:

*»Doch ein Prophet, der sich anmaßt, in meinem Namen ein Wort zu verkünden, dessen Verkündigung ich ihm nicht aufgetragen habe, oder der im Namen anderer Götter spricht, ein solcher Prophet soll sterben.«* (5. Buch Mose 18:20)

*»Deshalb spreche ich, der Herr, gegen die Propheten, die in meinem Namen weissagen, obwohl ich sie nicht gesandt habe, und die behaupten, Schwert und Hunger werde es nicht geben in diesem Land: Durch Schwert und Hunger werden jene Propheten enden.«* (Jeremia 14:15)

Zum Schluß eine weitere Bemerkung: Es liegt nicht in der Macht eines Menschen, göttliche Zeichen und deren Erfüllung zu zeigen. Der Verheißene Messias ist derjenige, der die Erfüllung zahlreicher göttlicher Zeichen gezeigt hat. Vor allem ist damit die Finsternis der Sonne und des Mondes gemeint, die im Jahre 1894 als Beweis für die Wahrheit des Verheißenen Messias stattgefunden hat. Die Prophezeiung über die Finsternis von Sonne und Mond ist in Matthäus